“全能型”供电所服务提升指引

台区经理

《“全能型”供电所服务提升指引（台区经理）》编委会　编

中国电力出版社
CHINA ELECTRIC POWER PRESS

图书在版编目（CIP）数据

"全能型"供电所服务提升指引. 台区经理 /《"全能型"供电所服务提升指引（台区经理）》编委会编. —北京：中国电力出版社，2019.8

ISBN 978-7-5198-3360-2

Ⅰ.①全… Ⅱ.①全… Ⅲ.①供电－工业企业－商业服务－中国 Ⅳ.①F426.61

中国版本图书馆 CIP 数据核字（2019）第 131522 号

出版发行：	中国电力出版社	印　　刷：	北京博图彩色印刷有限公司
地　　址：	北京市东城区北京站西街19号	版　　次：	2019年8月第一版
邮政编码：	100005	印　　次：	2019年8月北京第一次印刷
网　　址：	http://www.cepp.sgcc.com.cn	开　　本：	787毫米×1092毫米　64开本
责任编辑：	王杏芸（010-63412394）	印　　张：	1.5
责任校对：	黄　蓓　太兴华	字　　数：	30千字
装帧设计：	赵姗姗	印　　数：	0001—5000册
责任印制：	杨晓东	定　　价：	20.00元

前言
PREFACE

近年来，国家电网有限公司秉持“你用电，我用心”服务理念，为解决服务“最后一公里”问题，采取多种措施，有效促进了服务水平的全面提升。但不可否认，当前公司优质服务工作仍存在诸多需要改善提升的方面。为帮助公司系统服务工作人员强化服务意识，提升服务能力与沟通技巧，对照典型案例及工作场景，反思自身问题、查找服务短板、规避服务风险、促进服务提升，结合近年来多发的典型投诉及其问题点，特编写本书。

本书以常见的投诉案例及典型工作场景为核心，结合服务工作规范、业务流程解析、参考应答话术、服务风险点辨识及规避办法等内容，旨在帮助服务人员深化对工作规范的理解，深入学习标准服务流程和服务沟通技巧。本书可作为开展服务提升教育培训的教材。

目录
CONTENTS

三、精业务，善沟通

常见服务场景解析及应对

四、有礼节，勤服务

常见业务场景话术规范

一

概述

客户服务“五制”

客户服务“五制”

秉持“你用电，我用心”的客户服务宗旨，供电所人员在工作中必须严格遵循以下基本工作准则：

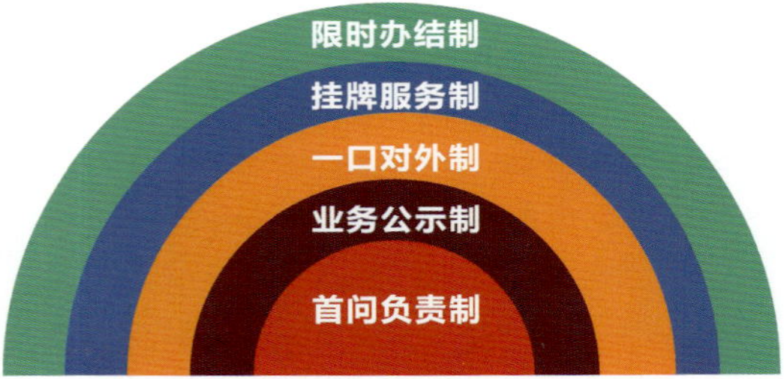

（一）首问负责制

客户首先询问的工作人员有责任引导客户办理各种供用电事宜。无论客户要办理的业务是否对口，首问负责人都要认真倾听、询问并了解客户需求，热心引导，不得推诿。确因工作人员无法脱身的，由工作人员通知本部门人员前来引导，涉及其他相关部门办理的，通知相关部门前来接待办理，必须做到环环相扣，直到客户的问题得到圆满答复，问题得到妥善解决。

（二）业务公示制

在社区、营业厅等场所主动向客户公示业务。基本公示内容包括：服务项目、用电业务办理程序、服务标准依据、服务质量要求、服务时限、现行电价表、经批准的收费项目及收费依据等。同时应公布岗位纪律、服务承诺、95598供电服务热线、12398电力监管投诉举报电话和《供电服务监管办法》。公示内容应详尽清晰，符合时效性。

（三）一口对外制

遵守“一口对外”的客户业务主办制，避免扯皮、推诿，做到“进一个门、找一个人、办一件事”。

遵守“一口对外”的服务信息发布制，统一服务信息发布口径、渠道，禁止擅自对外发布服务信息。

禁止未经授权，擅自向社会新闻媒体发布服务信息或接受新闻采访。

（四）挂牌服务制

员工上岗时佩戴统一编号的工作牌。

营业窗口需暂停办理业务或无当班人员的服务柜台，必须列示“暂停营业”标牌。

到客户现场执行工作任务时必须向客户说明身份，并出示工作证件。

（五）限时办结制

在规定时限、承诺时限、预约时限内完成客户供用电业务办理，完成各项内部流转工作事务处理。

特殊情况下无法在期限内完成业务时，服务人员在规定期限内将处理方案及预计解决日期答复客户，并尽可能征得客户谅解。

二

小案例，大警示

典型投诉案例分析

01 案例分析

投诉事件1：欠费停电未提前通知

★ 场景描述

“

客户反映昨日家中停电，但未收到任何形式的停电通知。客户对此表示非常不满，要求相关部门核实处理并给出合理解释。

核实情况：客户欠费导致停电。

📖 相关规定条款

- **《供电营业规则》第六十七条：**

“在停电前三至七天内，将停电通知书送达用户，对重要用户的停电，应将停电通知报送同级电力管理部门；在停电前30分钟，将停电时间再通知用户一次，方可在通知规定的时间内实施停电。”

- **《国家电网公司供电服务“十项承诺”》第三条：**

“对欠电费客户依法采取停电措施，提前7天送达停电通知书，费用结清后24小时内恢复供电。”

存在问题（服务风险点）

- 工作人员责任意识不强，服务意识欠缺。
- 工作规范执行不到位，没有严格按照停复电流程进行催费停电。

参考工作规范及应答话术

沟通时：

请您说一下出现问题的地点和情况。您说的地址是XX对吗？请您留下姓名、单位和联系方式，好的，我们立即派人去处理，感谢您的反馈，再见！

☞ **属于供电公司责任时：**

很抱歉，确实是由于我们的工作疏忽，对您的生活和工作造成了不便。我们后续会按照相关流程来帮您处理此事。

☞ **非供电公司责任时：**

（风险规避）您看我们给您打电话几次都是关机，我们贴了通知单拍照，您看这是照片，您看这是我们发给您的短信，也派人上门找您了。

（说明处理流程）我们一般会通过电力短信、电视、广播、微信微博、网上营业厅、电力通知单、电话提前发布信息的。

（引导建议）要不我建议您以后多留几个电话号码和联系人，以后停电提前通知您，我们也会特别关注您的用电情况。

☞ **客户索赔时：**

（上报，由保险公司判定和处理）您放心，我们是有相应的处理流程的。

02 案例分析

投诉事件2：催错费引发客户投诉

★ 场景描述

“

客户反映供电所工作人员将同名同姓客户的电费通知单发错到了自己家，导致客户多交了电费，客户表示非常不满，要求供电公司给予核实处理并退补电费。

相关规定条款

- **《国家电网公司供电服务规范》第二章第四条第五款：**

  “熟知本岗位的业务知识和相关技能，岗位操作熟练、规范，具有合格的专业技术水平。”

存在问题（服务风险点）

- 工作人员责任心不强，导致工作疏忽。
- 工作人员服务意识欠缺，疏忽大意，态度不严谨。

参考工作规范及应答话术

工作失误还未产生：

您好，这是我们通过姓名/地址查询出来的户号，为了保证您交费/用电的准确性，请您回家务必再核对一下电能表编号，这是我们的联系电话，如果发现电能表编号不对应，请立即与我们联系。

工作失误已经产生：

对不起，确实是我们的工作疏忽，给您造成了不便。确实是我们的原因导致您交错电费，您多交的费用一定会退还到您的账户上，请您留下联系方式，我们会继续帮您跟进了解情况，及时与您联系，这是我们的联系方式，您可以随时与我们联系，谢谢您的配合。

案例分析

03 投诉事件3：抢修到达现场超时且无人联系

★ 场景描述

“

客户反映自拨打95598热线提出报修要求后，经过3个多小时仍未有工作人员与其联系或到达现场，存在超出承诺时限的问题，客户表示不满。

核实情况：抢修系统将工单传至手机APP时，抢修人员手机正在充电且静音中，未能及时收到抢修任务。

相关规定条款

- **《国家电网公司员工服务行为“十项承诺”》第二条：**

  “提供24小时电力故障报修服务，供电抢修人员到达现场时间一般不超过：城区范围45分钟；农村地区90分钟；特殊边远地区2小时。”

存在问题（服务风险点）

- 对抢修工单督办不力，未能及时对工单进行跟踪。
- 抢修工作缺乏有效的管理、监督和跟踪机制。

参考工作规范及应答话术

- 您看，一停电其实最紧张的是我们了。您在家如果探个头出来就能看到，我们所有抢修人员都出动在维修了，这么热的天气，饭也没吃……
- 您说的时段是XXX，近期确实是当地用电负荷特别大……高温天气……
- 我们这个问题要改造线路才能从根本上解决我们这个电压质量的问题……

（如果得到批复）：我们已经申报立项了，现在已经得到批复了，大概……时间我们来施工，大概XXX时间完工……

（如果没有批复）："我们已经积极申报改造了……

在彻底解决之前，您这里一旦停电，我们将会尽快过来帮助您处理……

案例分析

04 投诉事件4：服务沟通态度差，遭受投诉教训深

★ 场景描述

“

客户来电投诉，昨日向某供电所员工反映停电问题时，该电工服务态度恶劣，并告知客户“爱投诉投诉”，客户对此表示不满并要求供电公司给予合理解释。

📖 相关规定条款

- **《国家电网公司供电服务规范》第二章第四条第二款：**

“真心实意为客户着想，尽量满足客户的合理要求。对客户的咨询、投诉等不推诿，不拒绝，不搪塞，及时、耐心、准确地给予解答。”

- **《国家电网公司员工行为十个不准》第五条：**

“不准违反首问责任制，推诿、搪塞、怠慢客户。”

存在问题（服务风险点）

- 对客户的咨询没有耐心细致解答，缺乏应有的责任心，在服务过程中，方式方法过于生硬。
- 工作人员服务意识欠缺，言行随意，欠缺沟通技巧。

参考工作规范及应答话术

沟通时：

请您说一下出现问题的地点和情况。您说的地址是XX对吗？请您留下姓名、单位和联系方式，好的，我们立即去处理，感谢您的反馈，再见！

☞ **找不到故障点时：**

很抱歉，我们（我们的抢修人员）已经去过现场但没有找到。请您再详细说一下故障地址，我们马上再派工作人员过去。

☞ **不在（职责）产权范围内时：**

我非常希望能够帮助您，不过这不是我们的职责（产权）范围，这件事情由小区的物业（或其他相关单位）专门负责，建议您联系XX帮您解决，您看好吗？

您好，很抱歉，由于室内线路是属于您个人产权的，维护整改费用等需要您个人承担，感谢您的谅解。

05

案例分析

投诉事件5：供电所人员工作态度强硬遭投诉

★ 场景描述

“

客户反映，因欠缴电费，某供电所人员前往客户家中催缴，在沟通中该人员态度蛮横且辱骂客户，客户表示不满并投诉。

相关规定条款

- **《国家电网公司供电服务规范》第二章第四条第二款：**

“真心实意为客户着想，尽量满足客户的合理要求。对客户的咨询、投诉等不推诿，不拒绝，不搪塞，及时、耐心、准确地给予解答。”

- **《国家电网公司员工行为十个不准》第五条：**

“不准违反首问责任制，推诿、搪塞、怠慢客户。”

存在问题（服务风险点）

- 与客户沟通的过程中态度过于生硬，没有考虑到客户的感受，容易导致客户产生对立情绪。
- 催费过程，应当注意客户的情绪波动和面部表情，往往客户在被催费的时候是不舒服的。
- 辱骂客户是服务工作大忌，催费人员没有控制好自己的情绪，在对待客户的过程中，切忌动怒，务必保持良好的状态，语出不逊甚至说脏话容易遭到投诉。

参考工作规范及应答话术

- 催费时要注意客户感受，给客户留有面子：客户您好！或许是您最近比较忙或者其他原因，所以忘了缴纳当月电费，您当月需要交付的电费为×××元，您现在方便缴纳一下吗?
- 可以给客户推荐缴纳方式：现在缴纳电费的方式很多，您可以根据自身情况，挑选一个比较方便的方式：

  第一种，现金缴纳；

  第二种，微信、支付宝、电e宝、掌上电力，手机端缴纳；

  第三种，如果您家里平时缴费不是很方便，建议您可以到银行专门开设一个账户，往里面预存一些电费，每个月的电费账单出来之后，会直接从银行账户里面扣除，这样就可以免除您每个月都要主动去缴纳的麻烦了。

☞ 沟通中发现客户有恶意拖欠的可能：您最后缴纳费用的期限是XXX，如果您在这个期限内没有交付清费用的话，我们将可能按照国家相关法律规定，暂时停止向您家供电。为了避免给您家里带来不便，还是希望您能在规定时限内交清费用，十分感谢。

案例分析

06 投诉事件6：欠费复电不规范，服务态度蛮横

★ 场景描述

“

客户反映在结清欠缴电费后要求供电所人员给其复电时，该人员服务态度差，告知客户：“我想什么时候给你复电就复电”。客户表示不满并要求处理并给出合理解释。

相关规定条款

- **《国家电网公司员工行为十个不准》第一条：**

  “不准违规停电，无故拖延送电。”

- **《国家电网供电服务规范》第五章第二十二条：**

（1）因故对客户实施停电时，应严格按照《供电营业规则》规定的程序办理。

（2）引起停电的原因消除后应及时恢复供电，不能及时恢复供电的，应向客户说明原因。

- **《国家电网公司员工行为十个不准》第五条：**

  “不准违反首问负责制，推诿、搪塞、怠慢客户。”

存在问题（服务风险点）

- 服务人员服务意识较差，态度恶劣，对于客户可能会产生的投诉行为缺乏风险意识。
- 对业务知识不熟悉，没有详细解释停送电的服务标准。

参考工作规范及应答话术

☞ 当客户要求复电时：客户您好！您缴清欠费之后，我们的系统要核验一下，核验没有问题的话会尽快帮您复电，一般不会需要太久的。

☞ 如果遇到客户比较着急时：客户您放心，在收到并核对完您的电费之后一定会尽快帮您复电，停电给您家里带来不便，我也看得出来您很着急，这种心情我很能理解。在这里呢我也给您一个小小的建议：电费可以有很多种便捷渠道缴纳：支付宝、微信、电e宝、掌上电力等，如果您容易忘记的话，也可以到银行开通支付电费的服务，每个月的电费就会自动从银行账户划扣，这样就不容易因为疏忽而导致停电了，像现在这种因为欠费而停电的情况就可以避免了。

07

案例分析

投诉事件7：语气强硬引客户不满

★ 场景描述

“

客户反映联系某供电所人员咨询问题时，该人员态度恶劣，在电话中表示：“我现在忙，过不去，你再着急我也过不去，爱投诉就投诉”。客户对此表示不满，要求供电公司核实处理并给予合理解释。

相关规定条款

- **《国家电网公司员工行为十个不准》第五条：**

  “不准违反首问负责制，推诿、搪塞、怠慢客户。”

- **《国家电网公司供电服务规范》第二章第四条第二款：**

  “真心实意为客户着想，尽量满足客户的合理要求。对客户的咨询、投诉等不推诿，不拒绝，不搪塞，及时、耐心、准确地给予解答。”

存在问题（服务风险点）

- 工作人员的沟通技巧有待提高，言语强硬，容易导致客户产生对立情绪，从而让小事扩大。
- 缺乏耐心，不了解客户对于解决用电问题的迫切心理，服务意识欠缺。

参考工作规范及应答话术

☞ 沟通时：您好！您的情况我已经清楚，并且已经把详细的内容记录下来了，我会尽快过去帮您解决问题，不过现在辖区内也出现了别的用电问题，我现在正在处理，所以请您稍微耐心等待一会儿，处理好之后我会电话联系您，然后以最快的速度到您家帮您解决，您看可以吗?

☞ 沟通过程中应该运用同理心：您家出现用电问题，带来不便，所以很着急这种心理我是很能理解的，您希望我能够快速过去帮您解决，这也是一个合理的要求。不过现在辖区内其他用户也遇到了类似的用电问题，我正在帮他解决，一旦处理好就马上去您那边，希望您能够理解！我们也是希望所有人都能安心、安全地用上电。

08

案例分析

投诉事件8：责任心缺失导致故障升级遭投诉

★ 场景描述

“

客户反映因家中停电，直接电话联系当地供电所某台区经理，该人员称客户所在用电地址不属于其管辖范围，要求客户自行联系供电所营业厅。客户对此表示不满，要求供电公司给予核实处理。

相关规定条款

- **《国家电网公司员工行为十个不准》第五条：**

  “不准违反首问负责制，推诿、搪塞、怠慢客户。”

- **《国家电网公司供电服务规范》第三章第十一条第二款：**

  “实行首问负责制，无论办理业务是否对口，接待人员都要认真倾听，热心引导，快速衔接，并为客户提供准确的联系人、联系方式。”

存在问题（服务风险点）

- 工作人员责任心不强，服务意识、沟通技巧欠缺，未严格执行首问责任制，工作流程缺乏有效监督。
- 抢修工作内部衔接不到位，未按照“内转外不转”的原则处理问题。

参考工作规范及应答话术

☞ 确认为设备或线路故障问题时，可回复：您这里停电是因为上级电源设备故障，我们已联系公司其他部门前来抢修。他们现正在前来途中，请您稍候（我们的抢修人员正在尽力抢修中）。

- 非职责范围内处理流程：问清客户所要办理的业务确实不在本职范围内→向客户说明所属管理部门→帮助客户当场联系确认→将联系人和具体地点告知客户→将客户送至营业厅门口。
- 非职责范围内回复："您好，刚才我已经和XXX联系过了，你需要到XXX找XXX。如果有什么问题，您也可以打电话给我们，我们再帮您催办。"

09

案例分析

投诉事件9：抢修人员服务态度差惹怒客户

★ 场景描述

“

客户反映当地电工来家中处理停电问题时，在通话以及客户现场与客户发生争吵，存在服务态度差的情况，客户要求供电公司尽快给出合理解释。

相关规定条款

- **《国家电网公司供电服务规范》第二章第四条第二款：**

“真心实意为客户着想，尽量满足客户的合理要求。对客户的咨询、投诉等不推诿，不拒绝，不搪塞，及时、耐心、准确地给予解答。”

- **《国家电网公司员工行为十个不准》第五条：**

“不准违反首问负责制，推诿、搪塞、怠慢客户。”

存在问题（服务风险点）

- 对客户的咨询没有耐心细致解答，缺乏应有的责任心，在服务过程中，方式方法过于生硬。

参考工作规范及应答话术

☞ 看您这么着急，您先跟我说说看，指不定我能快点帮您解决问题呢?

☞ 您先不要着急，我相信您找领导也是为了解决问题，您把具体情况告诉我，我能处理的一定会在更快的时间内处理，请您放心。

三

精业务，善沟通

常见服务场景解析及应对

01 服务场景1：新装电表走得快，巧妙解答释疑惑

客户反映自己家的电能表前段时间更换过，是供电所的人来免费换的，说是进行定期轮换，原来是机械表，现在换成电子表。但是换表后客户觉得电能表比以前走得快，电费比以前高了，是不是表计有问题？你会如何解答？

分析

计量表验表流程：客户向供电部门提交验表申请，工作人员到现场拆表交给客户自行送检。说明具有检验资格的单位。如表计无误，验表费用由客户承担，如有误，由供电部门承担并退补电费。

解答沟通流程

关键点：消除客户疑虑，增强对供电单位的信任感。

1. 计量表出现问题的可能性分析。
2. 引导客户回忆家中是否增加其他设备。
3. 告知验表过程，让客户感知工作的规范性。

参考话术

您好，我们给客户新装的电能表都是经过计量部门检定合格才进行安装的，一般不会有问题。电子表计量比机械表精确，以前机械表计量不到的电量电子表能计量到。如果您真的希望验表，可以通过营业厅申请对电能表进行检定，由您自行将电能表送检。检定后如果电能表的误差在允许范围内，那检定电能表的费用需要由您承担；如果检定后电能表误差超出允许范围，除退还您的检定费外，我们还会对电费进行退补。

02 服务场景2：客户要求难满足，取得谅解善沟通

某供电公司对某旅游热点地区进行安全隐患大检查，并对发现隐患的用户下发了整改通知书，在此期间有的用户要求补助整改费用（整改范围属用户室内线路）。遇到这样的问题应怎样与客户沟通？

分析

从《供电营业规则》来讲，整改范围是室内线路，产权属于客户，维护整改等费用，原则上由客户承担。

解答沟通流程

以客户的利益为沟通的出发点；对于明知不能满足客户需求的问题，在取得客户谅解的情况下，减少沟通时间，但是语气态度不可过于强硬。

1. 分析不整改产生的后果。
2. 取得客户理解支持。
3. 切入结束状态。

参考话术

您好，很抱歉，由于室内线路是属于您个人产权的，维护整改费用等需要您个人承担，感谢您的谅解。您还有其他问题要咨询的吗?”

03 服务场景3：供电质量不稳定，处理情绪最优先

某客户反映村里用电质量较差，经常家里的电磁炉都不能用。遇到这样的情况应将如何与客户沟通？

分析

首先分析是由于公司线路设备引起还是由客户自身原因导致。在确认具体原因的基础上进行合理解释。

解答沟通流程

让客户感受供电单位正在为解决客户问题做的努力。

1. 立刻帮客户进行查询。
2. 向客户表示歉意。

参考话术

非常抱歉，您所在的XX地区因为现有变压器容量不足，电压确实偏低，需增设变压器，我们已经制定计划并报上级部门批准，待完成可行性研究、施工设计、下达投资计划后就可实施，预计X月应该可以完成新变压器的安装，到时候就能完全解决您家电压偏低的问题。

04 服务场景4：擅自拆表引投诉，工作人员担责任

某日，客户来电投诉，反映家中电能表突然被更换。经调查发现，工作人员王某在检查时发现该村民电能表运转异常，但未发现其窃电的证据，便在村民不知情的情况下进行了拆换表工作。该村民发现后到供电公司查询原电能表的底数，工作人员告知电能表已丢失，无法查询。客户对供电公司擅自换表的行为非常不满。分析客户为什么会投诉，如果客户来供电所吵闹，该如何应对?

分析

1.《电力供应与使用条例》28条规定，供电单位在校验或检查中发现电表计量异常时，应按照临时停电的要求，提前24小时通知客户，告知需要更换电表的情况。

2.《电力供应与使用条例》30条：供电企业不得擅自迁移、更动或者擅自操作供电企业的用电计量装置、电力负荷控制装置、供电设施以及约定由供电企业调度的用户受电设备。

解答沟通流程

安抚情绪，消除担忧，让客户感觉到出现问题的时候，供电单位是负责任的。

1．首先承认错误，向客户表示歉意，安抚客户情绪。

2．消除客户疑虑（通过详述过程）。

3．给予客户问题解决的方法，我们已经受理正在查询，且会及时通知客户结果。

4．采用主动询问的方式，快速切入结束状态。

参考话术

您好，非常抱歉由于我们工作的疏漏给您带来的不便。经过我们核实，您的电能表运转出现异常，我们工作人员的确未按照程序进行更换，期间也未能及时通知您，这中间的确有我们工作的疏漏。关于您说的电能表底数，一般情况下，是可以查询到的。我已经将您的要求详细记录了，查询结果会在5个工作日电话通知您。请问您还有其他问题吗?

05 服务场景5：村中常见低电压，合理解释巧沟通

客户反映，去年和今年村中都会时不时地停电，而且晚上灯泡也是一明一暗的，请问是什么原因？作为工作人员应如何解答？

分析

首先分析是由于公司线路设备引起还是由客户自身原因导致。在确认具体原因的基础上进行合理解释。

解答沟通流程

让客户感受供电单位正在为解决客户问题做的努力，这类问题沟通时应注重宣传。

1. 立刻帮客户进行查询。
2. 向客户表示歉意。

参考话术

很抱歉停电及电压质量问题给您带来的不便。您的问题涉及两方面，首先是停电，停电一般分为计划停电及故障停电，计划停电一般会提前通过手机短信、微信、电视、广播，或是在营业厅贴出公示进行告知。但因为外力导致线路或者设备损坏，或雷雨天气时候雷击等原因引起的故障停电无法提前预测或者控制，所以无法提前告知您。一般情况下，出现这种问题，您可以直接联系我们进行报修，我们会立刻到现场进行维修，以保证您的用电。您反映的第二个问题是电压质量，电灯忽明忽暗是由于电压不稳定，近期您所在的片区用电猛增，部分区域会出现电压不稳的情况，这个问题已经引起我们供电单位的重视，我们已经在调查，会尽快采取相关措施解决您村里的用电问题。

06 服务场景6：拒绝整改隐患大，“柔中带刚”处理妙

一用户自家电能表与公用供电线路距离较远，中间有大约400米的线路连接，线路产权归属用户。但因这段线路安全距离不够，供电部门要求整改，用户不愿整改，拒绝在整改通知书上签字。遇到这样的问题，供电单位应如何与客户沟通？

分析

- 《用电检查管理办法》第二十条：现场检查确认有危害供用电安全或扰乱供用电秩序行为的，用电检查人员应按下列规定，在现场予以制止。拒绝接受供电企业按规定处理的，可按国家规定的程序停止供电，并请求电力管理部门依法处理，或向司法机关起诉，依法追究其法律责任。
- 《供电营业规则》第67条，除因故中止供电外，供电企业需对用户停止供电时，应按下列程序办理停电手续：

  1）应将停电的用户、原因、时间报本单位负责人批准。批准权限和程序由省电网经营业制定。

2）在停电前三至七天内，将停电通知书送达用户，对重要用户的停电，应将停电通知书送同级电力管理部门。

3）在停电前30分钟，将停电时间通知用户一次，方可在通知规定时间实施电。

解答沟通流程

对于多次沟通无效的整改问题，供电单位沟通过程中必须“柔中带刚”。

1. 分析利害关系。
2. 告知供电单位能够提供的最终解决办法。
3. 耐心解释，希望客户给予理解。

参考话术

您好，我们请您进行整改的原因是线路安全距离不够，这样很容易产生安全事故，甚至可能致人死亡，而且这段线路产权是属于您自己的，一旦发生安全事故，您是要承担赔偿责任的。我们进行安全检查，发现安全隐患请您整改，也是为了减少您的风险。所以，希望您能理解并配合我们的工作。如果您依然坚持不整改，我们也只能按照相关规定，对您暂时中止供电。

07 服务场景7：怀疑电量电费高，消除疑虑最重要

客户反映家里3口人，平时很少在家做饭，但是每月电费较高，100多元，而邻居家5个人每天在家做饭吃，电费每月才几十块，客户认为觉得邻居偷自家的电，但自己检查也没发现什么问题，现在要怎么处理？请针对这种情况给予客户解答。

分析

首先分析电量产生多的可能原因：如表计故障、线路存在漏电情况，也可能是窃电情况。

解答沟通流程

关键点：消除客户担忧，做到让客户放心。

1．查询客户信息。

2．解释偏高原因及各自对应的解决方案。

参考话术

您家电费偏高有多种可能，也有可能是表计故障或者线路存在漏电情况，具体情况可能要到现场查看一下。请您提供一下户号和用电地址，我们会到现场勘察，查找具体原因。如果确是因为表计问题引起的，会按照相关规定进行退补电量。

四

有礼节，勤服务

常见业务场景话术规范

01 常见业务场景参考应答话术表

交费业务

服务场景	规范用语	不规范用语
应答客户	您好！很高兴为您服务！请问有什么可以帮您的?	喂！喂！请说话！
询问线路检修停电	很抱歉，由于线路检修（或……）XX区域停电，大约在X时恢复供电，停电给您带来不便，请您谅解。 请您放心，我们会在X小时后排除故障。 很抱歉，我们的抢修车已派出，请您放心，我帮您再协调一下。	线路检修，我也不知道什么时候有电。

服务场景	规范用语	不规范用语
反映疑难问题	很抱歉，你所反映的事情需要请示相关部门领导，请您留下联系电话，我们将尽快与您联系，谢谢！	你去找XX部门XX领导。
反映故障	请您说一下故障的地点和情况，好的。 请您留下姓名单位和联系方法，我们立即派人去处理。	你不说清楚我们怎么处理。
找不到故障点	很抱歉，我们的抢修人员已经去过现场但没有找到。请您再详细说一下故障地址，我们马上再派工作人员去。	你都不说清楚地址，害我们白跑一趟。
不在职责（产权）范围内	我非常希望能够帮助您，不过这不是我们的职责（产权）范围，这件事情由小区的物业（或相关单位）专门负责，建议您找物业让他帮您解决，您看好吗？	不关我们的事，你找XXX。 这不是我们产权范围，我们没有责任去维护，你找物业处理吧。

服务场景	规范用语	不规范用语
客户查电费	请提供您的户号……您X月用电量为XX度，电费XX元，请于XX日前结清，谢谢！	你欠的电费是XX元，快点交了吧！
客户心情焦虑或表示怀疑	请放心，我们将尽快为您解决问题。	急什么！你不放心，我也没办法！
暂时不能给客户满意的答复	我帮您了解一下，再给你答复。 很抱歉现在不能答复您，但我们会尽快与您联系。 非常抱歉，稍候我再向您回复，好吗？ 您看我明天再和您联系，行吗？	我也没办法。 您去找别的人吧。 这个我不知道。
客户抱怨应答反应慢	很抱歉，让您久等了，请问有什么可以帮您？	不理睬客户的抱怨，催促客户提问。

服务场景	规范用语	不规范用语
客户生气	先生/女士，请您别着急，我非常理解您的心情，我们一定会竭尽全力为您解决的。	不关我们的事，我也没办法。
客户抱怨应答反应慢	很抱歉，让您久等了，请问有什么可以帮您?	不理睬客户的抱怨，催促客户提问。
客户心存怀疑不接受解释	我们在工作中也遇见过很多和您类似的情况，但是按照我们专业的操作一般都能顺利解决，请您相信我们，在操作过程中如有疑问，您可以随时拨打我们的服务热线。	如果你不信任我们，就自己回家找人帮你吧。
客户有理或无理取闹时	我非常理解您的心情，如果换成我，我也会和您一样生气。但当务之急，还是让我们先解决问题，让我来给您提供解决方案好吗?	你这样大吵大闹已经影响到我们的工作了

服务场景	规范用语	不规范用语
需客户短暂等候	您请稍等XX分钟，我马上回来为您解决问题。	你等一下/你等着，我这边还在忙。我忙完再来帮你。
客户对业务理解可能有误时	很抱歉，可能是我刚才没说清楚，我再给您解释一下好吗?	你搞错了，我说的不是这个意思! 你怎么还是不明白呢? 我再说一遍，请听清楚了!
安抚客户情绪	您的心情我可以理解。 碰到这种情况我也许会跟您一样着急（生气……）。	很抱歉，我能够理解您的心情，但是您也有责任呀。
建立与客户良好的关系	您说的话很有道理。 感谢您为公司提供了宝贵意见。 我非常赞同您的观点。	你不能这样，你要从我这个角度想想。这是公司的规定，我只是按章办事。

服务场景	规范用语	不规范用语
客户找领导	我是XX供电所工作人员XX，为您解决问题是我的职责，如果是我解决不了的问题，我也将会及时向领导反映，给予您满意的答复。	很抱歉，他不在。 很抱歉，公司规定我不能告诉你，有问题我可以帮你处理。

服务场景	服务场景
客户提出不能立即处理的问题时	很抱歉，您反映的问题需要专家解答，我能否咨询专家后再给您回复?
案例暗示法	不久前也有一位客户反映过类似的情况，后来发现是……原因。
回应的常用语	嗯，好的。 行，可以。 您刚才是说……对吗? 是的，您说得对，我也是这样想的，你刚才所说的我都已经记录下来了。 对了，我会认真处理的。 好的，我已经记录下来了。 快速处理问题才是主要的，对吧?

02 可承诺事项

可承诺事项：不在此范围的不得随意承诺；应告知客户工作日时限不含休息日。

事项	说明
欠费停复电	对欠电费客户依法采取停电措施，提前7天送达停电通知书，费用结清后24小时内恢复供电。
电表数据异常	受理客户计费电能表校验申请后，5个工作日内出具检测结果。客户提出抄表数据异常后，7个工作日内核实并答复。

事项	说明
零星居民类业扩报装（含变更用电）时限	居民业扩报装（含变更）时限为：受理申请后2个工作日内和客户联系，并到现场勘查；供电方案答复不超过3个工作日；受电工程检验合格并办结相关手续后，装表接电不超过3个工作日。
低压非居民类业扩报装（含变更用电）时限	受理申请后2个工作日内和客户联系，并到现场勘查；供电方案答复不超过7个工作日； 对客户受电工程启动竣工检验的期限不超过3个工作日； 受电工程检验合格并办结相关手续后，装表接电不超过5个工作日。

事项	说明
高压客户业扩报装（含变更用电）时限	受理申请后2个工作日内和客户联系，并到现场勘查； 高压单电源客户供电方案答复不超过15个工作日，高压双电源客户供电方案答复不超过30个工作日； 客户受电工程设计文件和有关资料审核的期限不超过20个工作日； 用户受电工程启动中间检查的期限不超过5个工作日； 对客户受电工程启动竣工检验的期限不超过5个工作日； 受电工程检验合格并办结相关手续后，装表接电不超过5个工作日。

事项	说明
电动汽车充换电设施业扩报装时限	受理申请后2个工作日内和客户联系，并到现场勘查； 高压单电源客户供电方案答复不超过15个工作日，高压双电源客户供电方案答复不超过30个工作日； 客户受电工程设计文件和有关资料审核的期限不超过20个工作日； 用户受电工程启动中间检查的期限不超过5个工作日； 对客户受电工程启动竣工检验的期限不超过5个工作日； 受电工程检验合格并办结相关手续后，装表接电不超过5个工作日。

事项	说明
分布式电源项目	受理申请后2个工作日内和客户联系，并到现场勘查； 接入系统方案答复的时限为：第一类分布式电源项目35个工作日（其中分布式光伏单点并网项目20个工作日、多点并网项目30个工作日）；第二类分布式电源项目60个工作日； 客户工程设计文件和有关资料审核的时限为：第一类分布式电源项目5个工作日；第二类分布式电源项目10个工作日； 电能计量装置安装工作时限为：380（220）伏接入项目5个工作日，35千伏、10千伏接入项目8个工作日； 启动并网验收调试的工作时限为10个工作日。

03 服务忌语

服务场景	服务场景
推诿	"我不知道……" "马上放假了，你节后再来吧。" "我要下班了，你去别的窗口吧。" "办业务/开票（客户要找）的人不在，办不起来。" "我们这儿没这个业务。" "材料不全不好办。" "你这个要到XXXX营业厅才能办。"

服务场景	服务场景
敷衍	“估计/有可能/大概……” “应该是发错短信了……” “短信是群发的，我们也不知道。” “你要这样想我也没办法。” “你在旁边等一等吧。”
不耐烦	“你怎么解释不通/不能理解呢?” “你的电费不是交给我的，你交给谁找谁。” “不是跟你说过了吗？我刚才跟你讲过了呀!” “不能每次都给你查!” “你要投诉就直接投诉好了。” “没看我忙着么？有事快说。”
随意承诺/语言随意	“急什么，迟早帮你装好。” “三四个小时就有电了。” “要不然你就去找领导看看能不能办。” “肯定会有人跟你联系的。”